AF341672

# CATALOGUE
## DES PIERRES GRAVÉES

PAR

# LOUIS SIRIÈS

ORFÉVRE

# DU ROI DE FRANCE

PRÉSENTEMENT DIRECTEUR DES OUVRAGES
EN PIERRE DURE DE LA GALERIE

# DE S. M. IMPERIALE

A FLORENCE.

A FLORENCE MDCCLVII.
Chez ANDRÉ BONDUCCI.

AVEC APPROBATION DES SUPÉRIEURS.

# *AU LECTEUR.*

E Catalogue annonce une Collection de cent soixante & huit Pierres gravées, toutes de la main de
*Louis Siriès*, qui pourtant ne s'est
adonné à l'Art de la gravure en
pierre dure que depuis l'année 1746. Il fit a-
lors ici pour son coup d'éssai dans la Galerie de S. M. l'Empereur, le Crucifix de
Lapis-Lazuli, & ensuite les deux Cammées
dont on parlera ci-après; et depuis il n'a pas
cessé de s'exercer à la gravure, s'étant également appliqué aux deux genres de gravure en
creux & en relief, & ayant toujours cherché
à y introduire tout ce qui pouvoit rendre l'art
plus excellent.

A 2                    Aussi

4

Auſſi eſt - ce par ce moyen , & en même tems parce que dès lors il prit la réfolu-
tion de ne vendre féparément aucune de ces
piéces qu' il efpéroit de placer un jour toutes
enfemble dans un même endroit , qu' il eſt par-
venu à former dans cet efpace de tems une
fuite de pierres gravées si confidérable .

Toutes font montées en or de la main du
même Artiſte , de la façon la plus convénable
à chaque piéce , & la plus propre à les ma-
nier . Celles, par éxemple, dont la grandeur peut
convenir à des bagues, font montées à cet ufa-
ge d' une maniére fimple qui s' approche du
gout des montures à l' antique , mais qui eſt
plus riche , y ayant quelques pétits filets &
quelques autres ouvrages délicats qui font un
très - bel éffet, & qui felon leur arrangement
ne laiſſent pas de répandre de la variété dans
toutes les montures .

Pour ce qui eſt des pierres plus étendues,
parmi lesquelles il y en a d' une grandeur affez rémarquable , elles font montées dans une
efpéce de double cercle de la façon fuivante .
Il y a en prémier lieu un cercle intérieur dans
lequel la pierre gravée eſt enchaſſée ; ce cercle
eſt garni au déhors de deux pointes , ou pivots,
qui font comme les deux bouts d' un axe qui
traverferoit diamétralement la pierre . Alors fe
préfente un demi cercle dans lequel entre le
cercle intérieur , & qui lui fert d'appui ; car au
bas

bas du demi cercle eſt un manche pour pouvoir tenir en main toute la piéce , & à ſes deux extrémités ſont deux trous correſpondants aux pivots du cercle intérieur qui ſervent à la fois & à lier enſemble le cercle intérieur & le demi cercle , & à laiſſer aux pivots du prémier la facilité de pouvoir être mis en mouvement en roulant ſur eux - mêmes.

L' effet de cette monture ſe trouve par la déja expliqué , & on voit qu' en ténant par le manche une pierre gravée montée de cette maniére , il ſuffit avec un doigt de faire mouvoir la pierre gravée pour la conſiderer dans tous les ſens à ſa commodité , ſans être obligé de changer la ſituation dans laquelle on tient la piéce .

Ces ſécondes montures ne ſont pas moins ornées que les prémiéres. Au contraire comme elles ſont plus grandes, elles ont donné à l' Art de l' Orfévrerie plus de ſujet à s' éxercer . Auſſi on y rémarque des moulures, & des corniches bien entendues , des filets très - délicats, & d' autres pétits ouvrages qui ſont d' un fini & d' un poli qu' on ne voit guéres dans de ſemblables morceaux.

Sur cet article d' ornements, il eſt éſſentiel d' obſerver que *Louis Siriès* ne s' eſt pas tenu à en enrichir ſeulement ſes montures ; il les a encore voulu employer même dans ce qu' il a gravé dans ſes pierres . Il paroît être le

pré-

6

prémier des Graveurs en pierre anciens & modernes, qui ait conftamment renfermé tous les fujets de fes gravures tant en creux qu'en rélief, dans des bordures ou corniches gravées dans les mêmes pierres. Dans les Cammées où ces ornements formoient auffitot un obftacle à la propreté de l'ouvrage, par rapport à la difficulté qu'il y a de conferver entre les parties faillantes, des fonds plats & bien unis, il a furmonté toutes les difficultés, il a fait les fonds les plus unis qu'on ait vus jusqu'à préfent, & il n'a pas moins réuffi à y faire en rélief de très - belles bordures : Il en a même diverfifié la maniére, tellement qu'à cet égard on remarquera dans les moulures gravées en pierre tant en creux qu'en rélief la même variété qu'il a été dit qu'il y avoit dans celles des montures d'or.

Au refte on prévient encore que le nom de 1ᵉ Artifte eft gravé dans toutes les pierres. Dans les plus pétites il n'eft exprimé que par les initiales LS. Mais dans les plus grandes il eft écrit tout au long.

Telles étant en général les Pierres gravées de cette Collection, il faut maintenant dire un mot de la maniére dont elles font confervées. *Louis Siriès* a imaginé de les ténir dans des écrins dans lesquels chaque piéce a fa place où elle eft comme emboitée. Il y a fix de ces écrins, tous femblables & fort propres; les fix

fu-

fuffifent pour toute la Colléction qui par ce mö-
yen - là eft portative d' une maniére commode,
fans que les gravures foient exposées à fe ga-
ter par le frottement.

Les fix Planches, qui font à la fin du Catalogue, donneront une idée affez jufte de cet
arrangement. Elles font d' abord précifément
de la grandeur des écrins, & chaque planche
répréfente un écrin felon l' ordre dans lequel
il fe trouve dans la Collection. Les figures qu'
indiquent les planches, font celles des pierres
dans leur contour & dans leur grandeur natu-
relle, qui font rangées dans les écrins dans le
même ordre & fous les mêmes nombres fous
lesquels elles fe préfentent ici.

En donnant le préfent Catalogue au Pu-
blic, ce ne fera pas la prémiére fois qu' on
lui expofe les gravures de *Louis Siriès*. Mr.
*Ioannon de Saint Laurent* fit imprimer en 1747.
une Defcription de trois de fes Cammées. Ce
font ceux de la Pl. I. n. 1. 2. 3. qui furent
gravés en taille douce dans leur grandeur na-
turelle, & plus en grand (1). Mr. le Dr. *Lami*
en fit auffi mention dans fes Nouvelles Littéraires de l' année 1748. du 19. Jan. n. 3. &
du 31. Mai n. 22. Il inféra dans celles de cette derniére datte une lettre de Mr. le Marquis
*Mar-*

_______________________________

(1) Defcription & explication d' un Cammée de Lapis - Lazuli &c. in 4. Florence 1747. avec des Planches.

*Marcel de Venuti* de Cortone , où ce fameux Antiquaire difant (¹) qu'il voyoit dans ces gravures des chofes qui n'avoient pas encore été vûes dans des pierres gravées, il rélévoit la fineffe de l'ouvrage par rapport à la pétiteffe des figures , la beauté & l'uni des fonds renfermés , enfin la propreté des moulures qui étoient si bien achevées dans des pierres précieufes fort ingrates & fort difficiles à travailler.

Mr. le Dr. *Lami* a encore donné depuis dans fes Nouvelles Litteraires du 16. Fev. 1753. n. 7. une Lettre fur un Sardoine où eft gravé l'Age d'or, dont la grandeur eft marquée à la Pl. iv. n. 3. & dans celles du 18. Iuin 1754. n. 26. une Defcription des deux pierres n. 1. & 3. de la Pl. v.

Mais c'en eft affez, & il eft tems de laiffer au Lecteur la liberté de jetter les yeux fur le Catalogue qui fuit.

CA-

---

(1) Lettera del Sig. March. *Marcello Venuti* à Mr. *Ioannon de S. Laurent*, Novelle Letterarie 1748. n. 22. pag. 338. à 340.

# CATALOGUE
## DES PIERRES GRAVÉES
### PAR LOUIS SIRIÈS.

### PRÉMIER ÉCRIN
*Qui contient huit grandes Piéces & deux Bagues.*

### NUM. I.

UN Cammée de Lapis - lazuli de la prémiére qualité qui réprésente une espéce d' Académie de beaux arts. Le morceau principal du Cammée ou la piéce dominante, a une bordure d' or, où sont enchassés d' autres petits Cammées au nombre de huit avec seize globules, tous de Lapis - lazuli, de la maniére que le rend la figure num. 1. de la I. Planche *. Il y a dans cet ouvrage soixante & une Figures humaines ou d' Animaux, outre une belle perspective d' Architecture &

B dif-

* Voy. Pl. I. num. 1.

différents attributs d'arts. La gravure en a été éxécutée avec propreté, l'Artifte s'étant attaché avec une patience & une attention extraordinaire à applanir dans la plus grande perfection tous les efpaces renfermés qui forment le fond du Cammée. Le fujet qui y eft répréfenté, & qui eft de l'invention de l'Artifte, a été affez gouté, il a fervi de matiére en grande partie au livre qui a été annoncé ci devant, & les Nouvelles Littéraires de Leipfic en ont parlé comme d'une efpéce de Poéme ingénieux qui meritoit d'être confidéré.

Indépendemment de fa monture d'or qui eft riche & fort ornée, ce Cammée eft renfermé encore dans une boete du même métal également bien travaillée.

## Num. II.

Un Crucifix d'un feul morceau de Lapis - lazuli auffi de la prémiére qualité, dans lequel le Chrift eft gravé en rélief fur un fond plat très - uni. Il regne tout à l'entour de la Croix dans les côtés une belle moulure, & au bout du travers & du montant il y a des ornements en forme d'agraffe qui embraffent la moulure & fervent à terminer avec élégance les extremités de la croix. Il eft enfuite enchafsé dans une garniture d'or dont on a tiré les rayons qui fortent dans les angles de la cro-

croix . Cette piéce a comme la précédente fa boete d' or pour la renfermer .

Ce Crucifix a été le prémier ouvrage de gravure en pierre de *Louis Siriès*, & le Cammée Num. I. fut le fécond . Il femble que ce foient les deux prémiéres gravures dans ce genre de pierre qu' on ait vûes jusqu' à préfent terminées avec fuccés & avec propreté .

## Num· III·

Un Cammée en Onyx de trois couleurs répréfentant le Portrait de L o u i s XV. Roi de France au milieu des douze Signes du Zodiaque . Le portrait eft terminé par une double moulure dans laquelle font les Signes Céleftes d' une pétitéfle extrême . Le fond de la gravure eft d' un uni & d' un poli encore plur vif & plus éclatant que dans les piéces Num. I & II. Le Cammée étant dans cet état, il eft enchafsé dans un morceau de Lapis - lazuli où font gravés en rélief une Victoire qui tient une couronne de laurier, un Trophée qui eft pofé fur un tapis parfemé de fleurs de lis, & le nom du Monarque François, le tout renfermé par une moulure . Toute la piéce eft accommodée proprement dans une garniture d' or avec un étui du même métal.

## Num· IV·

Un autre Cammée en Onyx de trois couleurs, rémarquable d' abord en ce que les trois

B 2

dits

lits qui forment les différentes couleurs de la pierre, fefoient un hémisphere . Cette forme des lits a obligé l' Artifte pour pouvoir en tirer parti, de creufer la pierre en forme de taffe en cherchant de découvrir les lits . C' eft alors qu' il a été en état d' y graver le Char du Soleil au milieu du Zodiaque de la manière fuivante . Au milieu de la piéce fur des nuages blancs eft le Char du Soleil tiré par quatre chevaux , les chevaux font de couleur de Sardoine ; les douze Signes du Zodiaque font blancs de même que les moulures qui renferment toute la gravure , & le fond dont fe détachent les figures eft noir . Malgré la convéxité de cette pierre , le poli & l' uni du fond n' en font pas moins beaux ; dans ce genre il a fallu une nouvelle atrention ; parce que d' adoucir également des rondeurs , c' eft un travail plus difficile que de conferver une furface platte unie . Ce Cammée eft monté avec un double cercle d' or , & il eft orné d' une garniture de très - belles opales .

## Num. V.

Un Cammée en Onyx de trois couleurs qui répréfente Apollon, les Mufes, & le Pégafe fur le Parnaffe . Il eft monté comme le précédent, & il eft également garni d' opales .

Une,

## Num. VI.

Une Préme d' émeraude d' un beau verd gravée en creux. Le fujet de cette gravure eft le Roi Eaque qui obtient de Jupiter que des fourmis foient changés en hommes pour repeupler fon pays, qui avoit été ravagé par la pefte. Au tour d' une grande quantité de figures qui expriment cette Fable, il regne une efpéce de frife composée de plufieurs cartouches où il y a différents fujets fort gais. Ils répréfentent des hommes qui par leurs jeux & leurs divertiffements témoignent le plaifir qu' ils ont de voir cette augmentation de l' efpéce humaine.

## Num. VII.

Un Cammée d' Agate Sardonique où eft gravée la VIERGE peinte par *Raphael* qu' on apelle comunément *la Madonna della Seggiola*. Une veine blanche qui s' eft trouvée dans cette pierre a fervi à faire un voile à la Vierge, avec lequel elle couvre l' Enfant JESUS. Indépendemment d' une monture d' or à double cercle qu' a ce Cammée, il eft doublé d' une plaque du même métal qui s' ouvre avec une charniére, afinqu' on puiffe voir la pierre & dans fa tranfparence, & opaque, puisque felon qu' elle eft vue d' une façon ou de l' autre, elle fait des différents éffets, qui en font connoître toute la beauté.

Une

## Num· VIII.

Une Sardoine gravée en creux répréfentant la Séparation du Cahos. On y voit placés confufément les Planetes, les Signes du Zodiaque, & les Eléments, les uns & les autres étant fur des fonds plus ou moins obfcurs. Le Soleil & la Lune, par exemple, y font gravés fur des nuages blancs.

## Num· IX. X.

Deux Cammées de Lapis - lazuli , chacun avec une tête de femme . Ils font montés en bague .

# SÉCOND ÉCRIN

*Qui contient cinquante deux Pierres gravées montées en bague.*

### Num. I.

UN Cammée en Onyx de deux couleurs où est le Portrait de S. M. l' Empereur régnant FRANÇOIS I.

### Num. II.

Un Cammée en Onyx dont le fond est brun, & le second lit d' un blanc de lait, il répréfente le Portrait de l' Augufte Impératrice MARIE THERESE d' Autriche fon Epoufe.

### Num. III.

Un Sardoine où eft gravé en creux Alexandre le Grand avec un combat de foldats à pied dans le lointain.

### Num IV.

Un Calcédoine gravé en creux qui répréfente Diomede enlevant le *Palladium*.

Un

## Num. V.

Un Sardoine dont la gravure en creux répréfente Jules Céfar avec un combat de gens à
cheval dans le lointain.

## Num. VI.

Un Cammée en Onyx ayant une tête de
femme d' un blanc célefte fur un fond noir.

## Num. VII.

Une Cornaline gravée en creux où eft la
tête de Galba.

## Num. VIII.

Un Cammée dans lequel on voit une tête
de femme d'un blanc célefte fur un fond noir.

## Num. IX.

Un Saphir Oriental où eft gravé en creux
le Triomphe de Bacchus avec plus de cinquante
figures. Ouvrage d' autant plus digne de re-
marque qu' il y a peu de pierres auffi dures
& auffi ingrates pour la gravure que le Saphir
Oriental : Outre que les figures font d'une extrême pétiteffe, & que néanmoins elles font
très - diftinctes, ayant été travaillées avec la
derniére éxactitude.

Qua-

## Num. X. XI. XII. XIII.

Quatre Sardoines gravés en creux qui ré-préfentent les quatre Saifons avec plufieurs fi-gures & tout ce qui fert à les caractérifer.

## Num. XIV.

Un Sardoine gravé en creux où l' on voit Amphion qui au fon de fa lire bâtit les murs de Thébes.

## Num. XV.

Un Cammée en Onyx de deux couleurs qui répréfente une tête de femme.

## Num. XVI.

Une Cornaline où font gravées en creux deux têtes de femme.

## Num. XVII.

Une Cornaline gravée en creux avec la figure de Bacchus.

## Num. XVIII.

Une Cornaline gravée en creux, elle ré-préfente une Bacchante.

## Num. XIX.

Un Rubis Oriental où eft gravé en creux un Camp. On y voit des Soldats endormis,

<br>

C        d'au-

d' autres qui jouent & qui s' entretiennent entre eux . C' eſt une Armée dans le repos & au
milieu d' une belle campagne ornée de ce que
la nature produit de plus agréable . Cette piéce n' eſt pas moins rémarquable que la précédente Num. IX. On ſait quelle eſt la dureté du
Rubis ; cependant l' ouvrage eſt également ici
chargé de figures très - pétites, & qui n' en ſont
pourtant pas moins bien diſtinctes .

### Num. XX.

Une Cornaline gravée en creux . Bacchus
y eſt aſſis ſous une treille avec deux enfants
qui en cueillent les fruits .

### Num. XXI.

Un Sardoine où eſt gravé en creux un
grand Vaſe avec pluſieurs figures autour .

### Num. XXII.

Une Cornaline gravée en creux avec la
tête d' Antonia .

### Num. XXIII.

Un Sardoine de pluſieurs couleurs gravé
en creux dans lequel on voit Judith ténant la
tête d' Holopherne .

### Num. XXIV.

Une Cornaline où eſt gravée en creux une
figure de Bacchus .                         Un

## Num. XXV.

Un Sardoine gravé en creux qui répréfente un grand Vafe fort orné , avec autour. plufieurs figures.

## Num. XXVI.

Un Cammée en Onyx de deux couleurs.
On y voit une Vénus debout.

## Num. XXVII.

Un Cammée en Onyx de deux couleurs
auffi, qui répréfente une tête de Bacchante. Au
revers du Cammée il y a une tête gravée en
creux. Cette piéce eft montée en bague tournante, afin qu'on puiffe la porter du coté du
Cammée , ou de celui de la gravure en creux.

## Num. XXVIII.

Une Cornaline gravée en creux où eft un
Sacrifice de Taureau .

## Num. XXIX.

Un Hiacinte Oriental de ceux que les Ita-
liens appellent *Vernaccino*, gravé en creux . Il
répréfente une tête de Pallas.

## Num. XXX.

Un Sardoine gravé en creux répréfentant
un Apollon ayant fa lire auprès de lui .



Une

### Num. XXXI.

Une Cornaline où eſt gravée en creux la tête de Tibére.

### Num. XXXII.

Une Cornaline gravée en creux où ſe voit Ganimede avec une Aigle.

### Num. XXXIII.

Un Calcédoine où eſt gravée en creux l' Hiſtoire de Miſcille fils d' Alemon habitant d' Argos ; il eſt répréſenté devant ſes concitoyens pret à être condamné , & Hercule le ſauve.

### Num. XXXIV.

Un Cammée en Onyx de deux couleurs qui répréſente le Temple de la Vérité occupé par le Menſonge. On y voit pluſieurs figures qui vont au temple révérer & conſulter l' Oracle qu' elles croyent être la Vérité. Mais celle - ci eſt hors du temple couchée par terre, n' ayant auprès d' elle qu' un Génie. C' eſt le Menſonge qui eſt dans le temple. La Vérité, le Génie, les figures, tout cela eſt blanc. Le Menſonge ſeul eſt noir comme le fond du Cammée.

### Num. XXXV.

Un Sardoine gravé en creux , où ſont répréſentés Neptune & Apollon qui batiſſent les

murs

murs de Troyes , & Laomedon qui fe mocque d' eux .

### Num. XXXVI.

Une Cornaline dans laquelle eft gravé en creux l' enlévement de Déjanire par le Centaure Neffus .

### Num. XXXVII.

Une Cornaline gravée en creux avec une tête de Pallas .

### Num. XXXVIII.

Un Hiacinte Oriental gravé en creux qui répréfente le débarquement d'Efculape à Rome.

### Num. XXXIX.

Une Cornaline gravée en creux répréfentant le Dieu Hymen .

### Num. XL.

Une Cornaline gravée en creux où font répréfentés Jupiter en forme de Serpent & Déoide .

### Num. XLI. XLII.

Deux Cornalines gravées en creux qui répréfentent l' une la Peinture, & l' autre la Sculpture ., toutes deux avec plufieurs figures & des attributs qui leur font allufifs .

Une

## Num. XLIII.

Une Cornaline jaune où eſt gravée en creux la tête d'une Bacchante.

## Num. XLIV.

Une Cornaline gravée en creux où l'on voit Diane avec ſes Nymphes qui change Méra en Chienne.

## Num. XLV.

Une Cornaline gravée en creux qui répréſente les femmes de l'Isle de Co changées en vaches par Junon, & miſes à mort par des ſoldats.

## Num. XLVI.

Une Sardoine où eſt gravée en creux Pygméa qui ſe change en grue.

## Num. XLVII.

Une Cornaline gravée en creux répréſentant Arianne.

## Num. XLVIII.

Une Cornaline où eſt gravée en creux une tête de Livie.

## Num. XLIX.

Un Calcédoine dans lequel eſt gravée en creux la tête d'un Hercule jeune.

Une

## Num. L.

Une Cornaline jaune, de même avec une tête de Diane.

## Num. LI.

Une Cornaline gravée en creux qui réprésente Méléagre avec ses chiens & plusieurs bêtes fauves.

## Num. LII.

Une Cornaline semblable réprésentant Emus Roi de Thrace avec Rodope sa femme transformés en montagnes. Il y a dans cette gravure plusieurs autres figures.

TROI-

# TROISIÉME ÉCRIN

*Qui contient cinquante deux autres Pierres montées en bague.*

## Num· I.

Une Cornaline couleur d'or gravée en creux avec une figure de la Déeſſe de la Santé.

## Num II.

Une Cornaline gravée en creux avec une tête de Galba.

## Num. III.

Une Opale Orientale où eſt gravé le *Cachet de Michel Ange* appellé communément les Bacchanales du Cabinet du Roi de France.

## Num. IV.

Une Préme d'Eméraude gravée également en creux avec une tête de Poſſidonius.

## Num. V·

Une Cornaline où eſt gravé comme à Num. III. le Cachet di Michel Ange, mais avec quel-

que

que différence de la précédente , y ayant dans toutes les deux un plus grand nombre de figures que dans l'original .

### Num. VI.

Une Cornaline gravée en creux avec une tête de la Rénommée .

### Num. VII.

Une Cornaline où est gravée en creux la figure de Lucréce .

### Num. VIII.

Une Cornaline gravée en creux avec une tête d'une Prétresse de Bacchus .

### Num IX.

Un Calcédoine gravé en creux où il y a beaucoup de figures . Le sujet de la gravure est la maniére dont Ulysse s'y prit pour découvrir Achille qui vivoit à la Cour du Roi Lycomede déguisé & habillé en fille .

### Num. X.

Une Cornaline gravée en creux avec un Achille assis .

### Num. XI.

Un Hiacinte Oriental de toute beauté dans lequel est gravée en creux la Déesse de la Santé.

D          Une

### Num. XII.

Une Cornaline de même avec une figure
de Bacchus.

### Num. XIII.

Une Cornaline de même où est répréfenté
Achille mécontent d'Agamennon ; il est affis
jouant de la lyre, ayant auprès de lui fes armes en forme de trophée. Dans le lointain on
voit un Cheval, fimbole du Siége de Troyes, qui
étoit l'objet de cette grande guerre des Grecs.

### Num. XIV.

Un Sardoine de deux couleurs gravé en
creux où est répréfenté un combat de Soldats
fur un pont.

### Num. XV.

Une Cornaline gravée en creux avec la
tête d'Antonia.

### Num. XVI.

Un Calcédoine gravé de même avec le dard
de Romulus qui fe change en arbre.

### Num. XVII.

Un Calcédoine gravé en creux qui répréfente la mort d'Achille avec plufieurs figures.

Une

### Num. XVIII.

Une Cornaline gravée en forme de Cammée avec une tête de Ptolomée.

### Num. XIX.

Une Cornaline gravée en creux réprésentant le Mont Parnaſſe avec Apollon & les Muſes, & au bas de la montagne Persée monté ſur le Pegaſe ténant d'une main la tête de Méduſe, dont le corps ſe voit étendu par terre.

### Num. XX.

Une Cornaline gravée en forme de Cammée avec une tête de Sénéque.

### Num. XXI.

Un Sardoine dont la gravure réprésente Jaſon à la conquéte de la Toiſon d'or.

### Num. XXII.

Un Sardoine ſur lequel eſt gravée en creux Arianne qui donne à Théſée le péloton de fil pour ſortir du Labirinthe.

### Num. XXIII.

Une Cornaline où eſt gravée en creux la tête de Minerve.

                Une

## Num. XXIV.

Une Cornaline en forme de Cammée répréfentant une tête d'Hercule dans fa jeuneffe.

## Num. XXV.

Une Cornaline de même en forme de Cammée avec une tête de Pompée.

## Num. XXVI.

Un Cammée en Onyx de deux couleurs qui répréfente la figure de Mercure.

## Num. XXVII.

Un Cammée en Onyx de trois couleurs avec Perfée qui tient la tête de Médufe.

## Num. XXVIII.

Une Cornaline en forme de Cammée où eft une tête d'Antinous.

## Num. XXIX.

Une Cornaline de même en Cammée avec une tête de Ptolomée Aulete.

## Num. XXX.

Une Cornaline gravée en creux, avec la tête d'Aléxandre.

Un

### Num. XXXI.

Un Calcédoine gravé en creux répréfentant une tète de Ptolomée Aulete.

### Num. XXXII.

Une Cornaline gravée en forme de Cammée qui répréfente une tête d' Hercule dans fa
jeuneffe.

### Num. XXXIII.

Une Cornaline auffi en Cammée avec la tête de Poffidonius.

### Num. XXXIV.

Une autre Cornaline de même avec la tête de Livie.

### Num. XXXV.

Une autre Cornaline gravée dans le même
gout avec la tête d' un jeune Apollon.

### Num. XXXVI.

Une Cornaline gravée en creux avec la
tête du Roi Maffiniffa.

### Num. XXXVII.

Une Cornaline de même avec une tête de
femme.

Un

### Num. XXXVIII.

Un Sardoine gravé en creux dont le fujet eft la Difpute de Neptune & de Minerve en préfence des Dieux pour donner un nom à A-thenes.

### Num. XXXIX.

Une Cornaline gravée en creux avec la tête d' Attilius Regulus.

### Num. XL.

Une Cornaline gravée en creux avec plufieurs figures. Elles répréfentent le Préteur Cippus qui réfufe d' entrer dans Rome, de crainte d' en être fait Roi, ainfi que l' Oracle le lui avoit prédit.

### Num. XLI.

Une Cornaline où eft gravée en creux la tête de Pallas.

### Num. XLII.

Une Cornaline jaune gravée en creux avec une tête d' Aléxandre.

### Num. XLIII.

Une Cornaline dans laquelle eft gravé en creux un Sacrifice de Taureaux.

Une

## Num. XLIV.

Une Cornaline gravée en creux avec la tête de Tibère.

## Num. XLV.

Un Topaze Oriental gravé en creux répréſentant le Triomphe de Bacchus.

## Num. XLVI.

Une Cornaline où ſont gravés en creux les douze travaux d'Hercule, avec ſa mort & ſon apothéoſe. Le travail de cette pierre eſt vraiment ſingulier, par rapport à la quantité & à la pétiteſſe des figures qui ſe trouvent dans un ouvrage de gravure ſi peu étendu.

## Num. XLVII.

Une Cornaline gravée en creux répréſentant une Bataille.

## Num. XLVIII.

Une Cornaline de même où l'on voit un Camp avec des Soldats, des chevaux & des tentes &c.

## Num. XLIX.

Un Sardoine de quatre couleurs, préſentant dans le champ ſes couleurs ; il eſt gravé

en

en creux , on y voit le Soleil avec les douze
Signes du Zodiaque.

## Num. L.

Une Cornaline gravée en creux répréfentant un Combat de Cavalérie & d' Infantérie.

## Num. LI.

Une Cornaline gravée en creux répréfentant un Combat de Cavalerie.

## Num. LII.

Une Cornaline gravée de même avec une
figure de Chaffeur.

QUA-

# QUATRIÉME ÉCRIN

*Qui contient seize Pierres gravées d' une bonne grandeur.*

### Num. I.

UNE Cornaline gravée en creux qui répréfente Mercure portant fur fon bras droit le pétit Bacchus & ténant le Caducée de la main gauche.

### Num. II.

Un Calcédoine gravé de même répréfentant Céphale & l' Aurore.

### Num. III.

Un Sardoine couleur de marron de toute beauté gravé en creux. L' Artifte y a répréfenté l' Age d' or qu' il a exprimé en dix -fept fujets différents. Dans un ovale au milieu de la pierre, il a mis l' Affemblée des Dieux, au milieu des quels eft Pandore. Et dans feize pétites cartouches, qui font autour de l' ovale, font différentes figures qui ont toutes rapport au fujet du milieu. Il y a dans cette gravure cent quarante fix figures, outre plufieurs attributs

E　　　　　　　　buts

34

buts & morceaux d'ornement qui rendent cette piéce l'une des plus singuliéres de toute la
Collection.

### Num. IV.

Un Sardoine gravé en creux réprésentant
Hercule qui étouffe Antée.

### Num. V.

Un très-beau Calcédoine gravé en creux de
même, avec Diomede assis qui tient le *Palladium*.

### Num. VI.

Esculape gravé en Cornaline.

### Num. VII.

Bacchus gravé aussi en Cornaline.

### Num. VIII.

Un Cammée en Onyx de trois couleurs
creusé en forme de tasse. Le lit du fond est
brun, & dans les cotés regne un lit transpa-
rent & un lit blanc. Dans le prémier est gravé le Triomphe de Silene accompagné de plusieurs figures de Bacchantes & d'Animaux. Sur
les autres, qui font le tour de la tasse, il y a
deux pampres de Vigne chargés de raisins qui
partent de la bouche d'un Mascaron & s'éten-
dant tout au tour de la tasse se réunissent à l'ex-
trémité opposée.

Un

## Num. IX.

Un autre Cammée en Onyx de trois couleurs creufé auffi en forme de taffe, qui répréfente un bain . Sur le fond qui eft blanc, & qui
en répréfente l'eau, on voit dix - fept enfants
dont les uns font plongés dans l'eau , & les
autres jouent & s'amufent fur le rivage . Ce
Cammée & le précédent méritent quelque attention fur la difficulté avec laquelle l'Artifte
y a gravé fes fujets au fond de deux pierres
creufées en façon de taffe .

## Num. X.

Hercule qui coupe un arbre, gravé en
creux en Cornaline .

## Num. XI.

Hercule accablé par l'Amour de même en
Cornaline .

## Num. XII.

Une tête d'Antinous de même en Cornaline .

## Num. XIII.

Un Sardoine de plufieurs couleurs dont
l'Artifte s'eft fervi en profitant de ces varié-
tes de couleur , pour graver en creux avec in-
telligence l'hiftoire de la mort de Méléagre .

E 2

C' eft

C' eſt un payſage avec un édifice au devant du quel eſt un autel où la mere de Méléagre fait bruler le tiſon fatal dont dépendoit la vie de ſon fils . La couleur ſombre de la pierre dans l' endroit où eſt l' autel , répréſente au naturel la fumée qui s' en éleve . Dans le lointain paroit Méléagre couché à terre qui ſe meurt .

## Num. XIV.

Un beau Sardoine où eſt gravée en creux l' entrée d' Aléxandre dans Babilone . Aléxandre y paroit dans un char tiré par deux Eléfants , & il eſt ſuivi par une foule de Cavaliers qui marquent ſon triomphe . Au tour de ce ſujet principal , il y a en guiſe de bordure , ſeize cartouches dont les huit plus grandes répréſentent des batailles , & les huit autres des trophées de guerre .

## Num. XV.

Un Sardoine où eſt gravée en creux la Chute de Phaéton .

## Num. XVI.

Une tête d' Hercule couronné d' olivier en Cornaline auſſi en creux .

CIN-

# CINQUIÉME ÉCRIN

*Qui contient huit grandes Piéces, & dix-huit Pierres montées en Bague.*

#### Num. I.

UNE Agate Orientale fur laquelle font gravés en creux dix-fept fujets différents. Le principal fujet qui eft au milieu, eft dans un grand ovale terminé par une belle moulure qui le fépare des feize autres. C'eft dans celui-là que l'Artifte a gravé le Triomphe d'Aléxandre dans Babilone. Des batiments & des édifices majeftueux ornés des Statues & de Trophées avec au milieu une pyramide fur laquelle eft la ftatue de la Rénommée, répréfentent une partie de la Ville. Là paroit le char d'Aléxandre, qui eft tiré par deux Eléphants & qui eft précédé ou fuivi d'un grand nombre de figures tant à pied qu'à cheval. De ces figures, les unes portent des enfeignes, les autres des piques & d'autres marques de leur fervice ou du triomphe qu'elles forment. On en voit auffi quelques-unes qui brulent des parfums ; enfin tout y marque la grandeur d'u-

ne

ne fête éclatante, telle qu' elle convient à un si grand Conquérant.

Les seize sujets qui sont au tour de l' ovale qu' on vient de décrire, sont placés dans autant de cartouches de deux différentes grandeurs. Dans les huit plus grandes sont des batailles, & dans les huit plus pétites, différents faits de ce Héros. Ainsi dans la prémiére Aléxandre dompte Bucéphale ; dans la séconde il coupe le Neud Gordien ; dans la troisiéme il accueillit la Famille de Darius ; dans la quatriéme il pourfuit ceux qui avoient tué ce Roi malheureux ; dans la cinquiéme il réfufe de boire, parceque fon Armée fouffre la foif ; dans la fixiéme il pardonne à divers malfaiteurs qui avoient mérité la mort ; dans la feptiéme il tue un Lion dans une foreft ; & dans la huitiéme il vifite les Arbres du Soleil & de la Lune. Tous ces fujets font remplis d' une grande quantité de figures qui malgré leur pétiteffe ne laiffent pas de fe diftinguer fort aifément.

## Num. II.

Une Chryfolite Orientale d' une grandeur affez confidérable, taillée à facettes, au tour de laquelle le long d' un petit creux qui regne à l' entour, font gravées quarante cinq figures d' une extréme pétiteffe & cépendant très - diftinctes.

Une

## Num. III.

Une Agate Orientale femblable à celle de
Num. I. gravée dans le même gout. Elle répréfente l' Hiftoire d' Hercule. Dans l' ovale
qui occupe le milieu de la pierre, l' on voit
d' un coté Hercule ayant fur lui la tunique
empoifonnée du Centaure Neffus, qui fait un fa-
crifice aux Dieux, & de l' autre il coupe des
arbres pour faire fon bucher. Dans le milieu il
eft couché au milieu des flammes qui le dévo-
rent, & s' élévant bientôt fur la fumée du bucher il paroit dans un char à quatre chevaux
montant au ciel où font répréfentés plufieurs
des principaux Dieux avec les neuf Mufes.

Dans les feize cartouches, qui environnent
l' ovale, font gravés les faits & travaux de ce Demi - dieu; dans la prémiere il déchire les ferpents
que Junon avoit envoyés pour l' étouffer; dans
la féconde il étouffe Antée en le ferrant; dans
la troifiéme il tue la Biche qu' il pourfuivoit
à la courfe; dans la quatriéme il tue le Lion de
la foreft de Némée; dans la cinquiéme il tient
le Cerbere enchainé; dans la fixiéme il fup-
porte le monde pour foulager Atlas; dans la
feptiéme il fait dévorer Diomede Roi de Thrace à fes propres chevaux; dans la huitiéme il
fépare les monts Abila & Calpé qui étoient
joints enfemble; dans la neuviéme il terraffe
Achélous transformé en taureau; dans la di-
xiéme

xiéme il conduit à Euryſthée le taureau qu' il avoit pris dans l'Iſle de Crête ; dans la onziéme il cueille les pommes du jardin dés Heſpérides ; dans la douzieme il nettoye les écuries du Roi Augias ; dans la treiziéme il combat les Centaures ; dans la quatorziéme il tue des oiſeaux qui infeſtoient toute une campagne ; dans la quinziéme il tue l' Hydre de Lerne ; & dans la ſeiziéme il porte les deux colonnes.

## Num. IV.

Un Hyacinthe Oriental très - beau où eſt gravée la Vendange appellée communément le *Cachet de Michel Ange*. Il y a quelque changement dans la compoſition & un plus grand nombre de figures que dans l' Original.

## Num. V.

Autre Hyacinthe Oriental dont la gravure repréſente Méléagre auprès d' un Autel , au pied duquel ſont pluſieurs bêtes fauves.

## Num. VI.

Un Cammée en Onyx de deux couleurs, dont le ſujet eſt l' Europe. Elle y eſt repréſentée ſous la figure d' une femme ténant un temple , & qui eſt dans un char tiré par deux chevaux, ayant à ſa ſuite pluſieurs femmes qui repréſentent les Arts libéraux. Il s'y voit dans le lointain des édifices & des monuments propres

pres auſſi à caractériſer le bon gout & la cul-
ture de cette partie du monde.

Num. VII.

Un Cammée en Onyx de deux couleurs
où eſt répréſentée l' Aſie ſous la figure d' une
femme qui eſt dans un char tiré par deux E-
léphants. Ce ſujet eſt orné d' autres figures
convenables avec des piramides dans le lointain, & une groſſe tour qui répréſente celle de
Babel.

Num. VIII.

Un Cammée ſingulier en Calcédoine Oriental gravé ſur pluſieurs faces. La pierre eſt hé-
miſphérique tronquée vers ſon pole, dont l' ex-
térieur qui eſt une eſpéce d' écorce, eſt d' un
blanc opaque, & l' intérieur parfaitement criſta-
lin : de ſorte qu' elle réſſemble à une taſſe plei-
ne d' eau. Sur une des faces criſtalines eſt gravé en bas rélief Léandre qui traverſe l' Helleſ-
pont à la nage, & ſur celle qui y eſt oppoſée,
eſt Arion ſur le Dauphin qui joue de la lyre.
Tout à l' entour dans les cotés, c' eſt-à-dire
ſur l' écorce qui a été décrite ci-deſſus, ſont
gravées également de rélief dans d' eſpéces de
cartouches les quatre Parties du Monde, carac-
tériſées chacune par des figures & des animaux
qui ſont d' une pétiteſſe extrême. Cette piéce
eſt montée en or comme les autres dans le

F          gout

gout des grandes piéces, mais d' une façon encore plus finguliére.

## Nux. IX. X.

Deux Cammées en Onyx de deux couleurs, répréfentants l' un l' Afrique, & l' autre l' Amérique, la prémiere fous la figure d' une femme dans un char tiré par deux Lions, & la féconde dans un autre char tiré par deux Rhinocéros, toutes deux avec les figures & autres attributs qui conviennent à chacune de ces Parties du Monde.

## Num. XI.

Un Hyacinte Oriental où eft gravée en creux l' Ombre d' Achille fur fon tombeau qui démande que fa mort foit vangée par le fang de la Soeur de Paris qui l' avoit tué.

## Num. XII.

Un autre Hyacinte Oriental répréfentant Arianne abandonnée.

## — Num. XIII. XIV. XV. XVI.

Agates Orientales dans lesquelles font gravées en creux les quatre Parties du Monde de la façon fuivante. Dans chaque pierre il y a un ovale au milieu orné d' une belle frife, autour duquel font huit pétites cartouches également bien ornées. Le fujet principal qui

ca-

caractérife chaque partie du Monde, eft donc placé dans l'ovale, & dans les cartouches font d'autres fujets qui y font rélatifs. C'eft par tout un grand nombre de figures, d'animaux, de plantes, d'édifices, & d'autres différentes chofes propres à exprimer les mœurs, les coutumes, le commerce, & les richeffes de chaque partie du Monde.

### Num. XVII.

Un Onyx de deux couleurs, favoir blanc célefte l'une, & l'autre brune. Il eft gravé en creux d'un coté répréfentant Pallas, & de l'autre il l'eft en rélief & forme un Camméc où l'ou voit un Vafe fort orné avec une figure de l'Abondance fur un fond très-plat & parfaitement bien poli. Cette piéce eft montée en bague dont le chaton eft tournant, au moyen de quoi on peut la porter du coté que l'on veut.

### Num. XVIII.

Un Sardoine de plufieurs couleurs dont l'Artifte a profité pour répréfenter fort naturellement une tête de Bacchante qu'il y a gravée en creux.

### Num. XIX.

Un Hyacinte Oriental gravé en creux répréfentant Neptune & la Femme d'Alcéus avec l'Amour, & le char de ce Dieu qui fe trouve fur le rivage de la mer.



Un

## Num. XX.

Un très-bel Onyx de trois couleurs, taillé perpendiculairement à travers ſes lits; c'eſt-à-dire, que la pierre ſe voit traverſée par une bande blanche comme du lait qui ſe trouve entre deux bandes de couleur brune & presque noirâtre. Dans la bande blanche ſont gravés les Signes du Zodiaque, dans celle de couleur brune qui eſt au deſſus, eſt un feſtin des Dieux, & dans celle qui eſt au deſſous, ſont répréſentés les travaux des hommes ſur la terre.

## Num. XXI.

Méléagre gravé en Calcédoine.

## Num. XXII.

Un Sardoine gravé en creux, fort remarquable en ce que la nature y a formé au milieu une piramide fort bien faite. L'Artiſte s'eſt ſervi de ce deſſein naturel pour y graver deſſus d'eſpéces de bas-réliefs très-délicats, & enſuite il a placé auprès de ce monument un grand nombre de figures qui répréſentent la Naiſſance de Bacchus.

## Num. XXIII.

Une Eméraude parfaitement nette ſur laquelle eſt gravé en creux le feſtin que Cléopatre donne à Marc Antoine.

Un

## Num. XXIV.

Un Triton avec deux Dauphins gravés en Calcédoine.

## Num. XXV.

Un Onyx de trois couleurs taillé comme celui Num. XX. & gravé des deux cotés, dans l'un en creux & dans l'autre en rélief. La gravure en creux répréfente la chute de Phaéton foudroyé par Jupiter , & au bas la métamorphofe de fes Soeurs qui le pleurent & qui font changées en peupliers.

Dans la face qui forme un Cammée, ce font les Géants foudroyés auffi par Jupiter. Comme dans l'un & l'autre fujet les Signes du Zodiaque conviennent , il y en a fix dans une bande du coté gravé en creux , qui font gravés dans ce même gout, & les fix autres du coté qui forme le Cammée, font gravés en rélief. Cette piéce eft montée en bague tournante, comme celle Num. XVII.

## Num. XXVI.

Le Lacoon avec fes deux Fils furpris par deux Serpents , en Cornaline.

# SIXIÉME ÉCRIN

*Qui contient quatre Bagues, & huit grandes Piéces.*

## Num. I.

UNE Agate Orientale de plufieurs couleurs gravée en creux, qui répréfente Cléopatre fur une barque richement équipée qui s'approche du rivage où Marc Antoine avec une partie de fon armée eft pret à la récevoir. Cette piéce eft rémarquable par la quantitè des figures, & par la façon dont l'Artifte a profité des couleurs de la pierre pour exprimer plus naturellement l'eau, la terre, & toutes les parties de fon fujet.

## Num. II.

Le Triomphe de Siléne dans une couronne de pampres de vigne ornés de raifins, gravé en creux en Lapis-lazuli de fort belle qualité. Cette piéce outre la monture ordinaire, eft doublée d'une plaque d'or.

## Num. III.

Une Agate Orientale de plufieurs couleurs à peu près femblable à celle Num. I. gravée en creux.

creux . Le fujet de la gravure eft le répas que Cléopatre donne à Marc Antoine , & qui y eft répréfenté avec la magnificence qui convient à un pareil feftin .

### Num. IV.

Un très - beau Sardoine où font gravés A- léxandre , Diogéne , & plufieurs autres figures .

### Num. V.

Un autre beau Sardoine gravé en creux répréfentant l' Urne des cendres d' Aléxandre , gardée par fes Soldats . Au deffus de l' urne font des trophées d' armes , & fur le corps de l' urne même deux Génies ténant un médaillon d' Aléxandre , au deffous du quel le Héros eft répréfenté combattant contre un Lion . Au pied de ce monument font encore deux Génies en at- titude de pleurer . Les Soldats qui gardent les cendres de leur Empéreur , paroiffent occupés à diverfes actions convénables au fujet .

### Num. VI.

Un Onyx de deux couleurs gravé en creux répréfentant Bacchus en attitude de courir .

### Num. VII.

Un Sardoine où font gravés en creux deux Soldats à cheval qui fe battent le fabre à la main .

Un

## Num. VIII.

La Reine Sémiramis suivie de sa Cour, fésant batir les murs de Babilone ; gravure en creux en Lapis - lazuli de la prémiere qualité.

## Num. IX.

Dioméde enlevant le *Palladium* avec son Camarade, en Agate Orientale.

## Num. X.

La Métamorphose d' un Veau volé par un fils de Bacchus, en cerf, avec tout ce qui peut caractériser cette fable . Gravure en creux en Lapis - lazuli de belle qualité.

## Num. XI.

Une Fête à Priape par plusieurs Nymphes, en Hyacinte Oriental.

## Num. XII.

Autre Hyacinte Oriental sur lequel est gravé un vase avec Mercure, & quantité d'autres figures extrêmement pétites.

## F I N.

T.II.

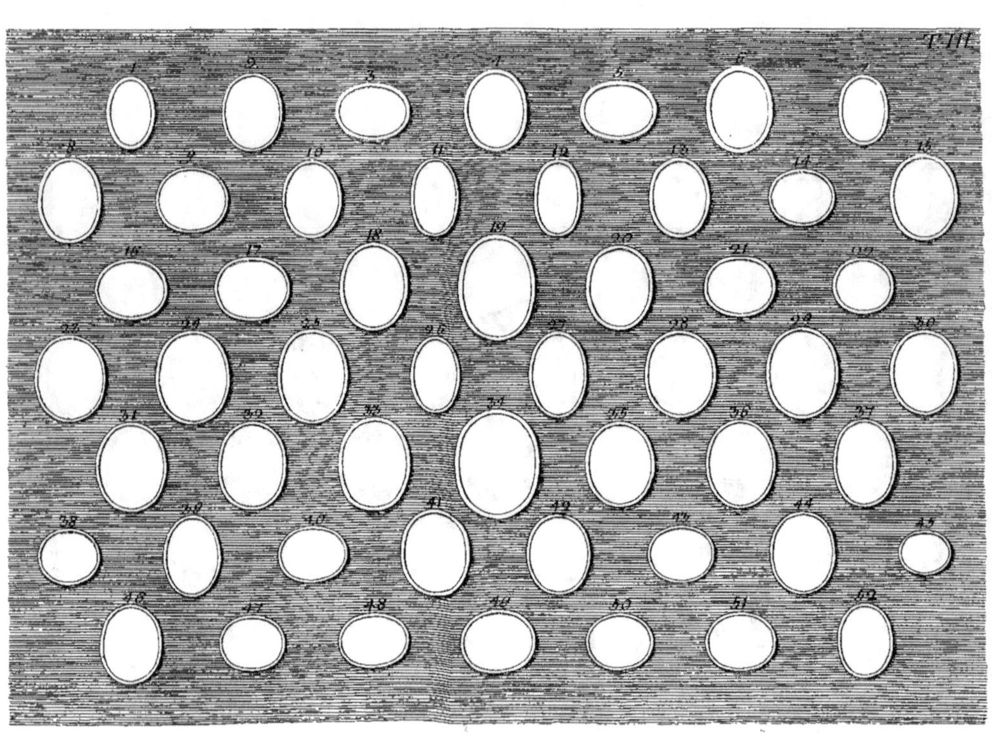
T.III.

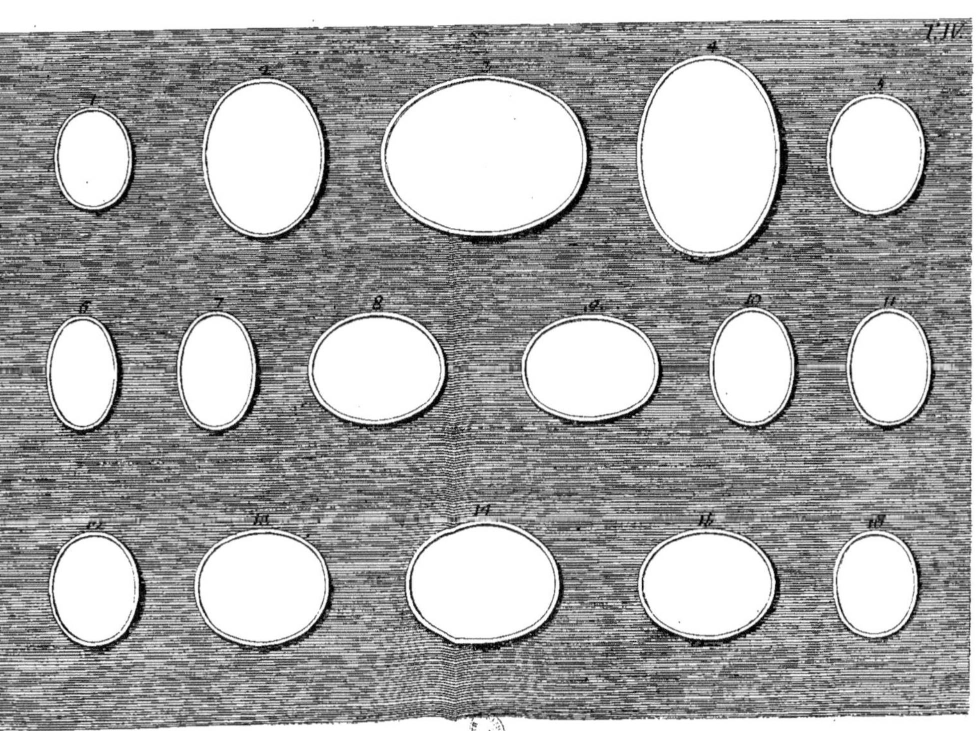

1
2
3
4
5
6
7
8
9
10
11
12
13

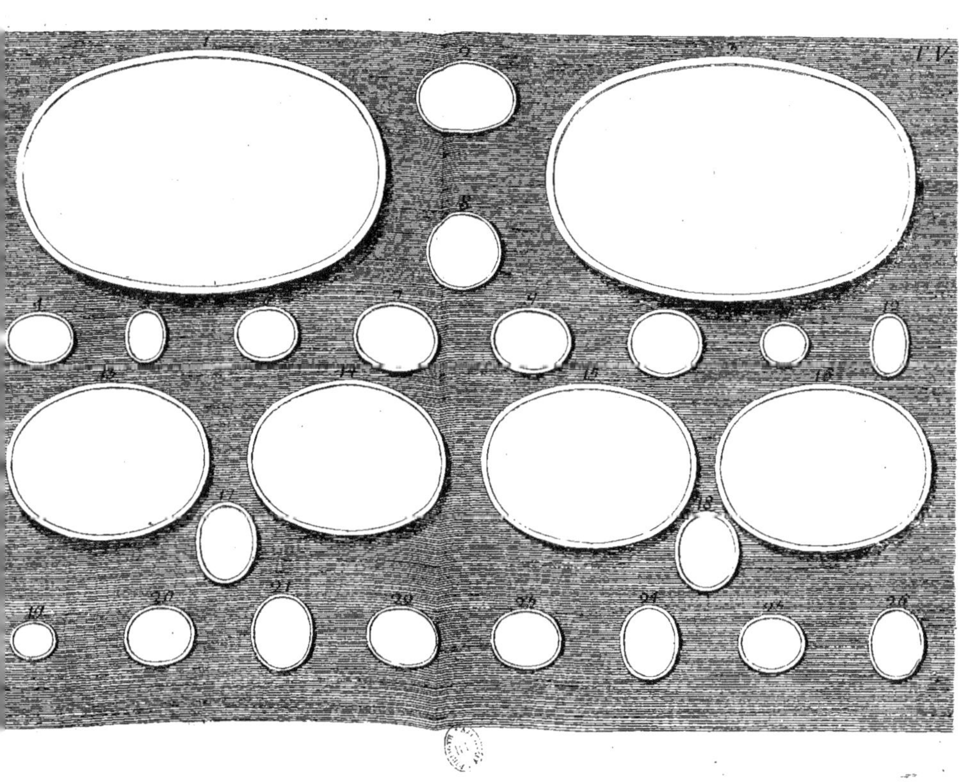
T.V.